▾ Les Histoires du Père Castor ▾

Qu'elles soient nées dans l'esprit fécond d'un auteur ou venues du fond des âges et de pays lointains, les histoires transmettent une culture, une tradition, elles parlent de nous. Comprendre, accepter les autres, mieux se connaître, se laisser porter par la magie des mots et des images : c'est tout cela que les Histoires du Père Castor offrent.

Depuis 1931, le Père Castor propose de merveilleuses histoires illustrées, et crée les classiques de la littérature pour enfants, d'hier et d'aujourd'hui. Nous perpétuons cette tradition avec les talents d'auteurs de mots et d'images pour le plaisir toujours renouvelé du partage de la lecture...

Sango et la Rivière

Pour Laura et Rémi.
J. M.

Pour Léon.
D.

Dépôt légal : mars 2021
ISBN : 9782081496002
Imprimé en République Tchèque par PB Tisk – novembre 2020
Éditions Flammarion (n° L.01EJDN001814.N001) – 87 quai Panhard-et-Levassor, 75647 Paris Cedex 13
Loi n° 49-956 du 16 juillet 1949 sur les publications destinées à la jeunesse

Sango et la rivière

Un conte de Jean Muzi, d'après la tradition africaine
Illustré par Djohr

PÈRE CASTOR

Depuis sa naissance, Sango le petit singe n’avait jamais quitté Maman Guenon.
Il faisait des bêtises comme tous les singes de son âge.
Mais il lui arrivait de plus en plus souvent de se montrer sérieux.

Un matin, il décida d'aider Maman Guenon à cueillir des fruits.
Comme elle, il sauta de branche en branche,
choisit les plus beaux fruits et alla les mettre
dans les deux grands paniers posés au pied des arbres.

Maman Guenon l'observait du coin de l'œil. Elle prit soudain conscience qu'il grandissait et pourrait bientôt vivre sans elle.

– Tout à l'heure, lui dit-elle, tu iras chez ta tante Ticha pour lui apporter quelques fruits.

Sango était heureux que sa maman lui confie cette mission, mais il craignait de se perdre.

– Je ne sais pas aller tout seul chez Tante Ticha, s'inquiéta-t-il.

– C'est facile ! Tu prends le chemin menant à la rivière :
ta tante habite de l'autre côté,
expliqua la guenon d'une voix rassurante.

Sango saisit le petit panier préparé par sa maman
et partit seul pour la première fois.

Il suivit le chemin durant un long moment.

Arrivé au bord de la rivière, il se montra prudent.
Avant de s'engager dans l'eau, il avait besoin de savoir si la rivière était profonde.
Il regarda autour de lui et aperçut une girafe qui broutait avec délicatesse les pousses d'un acacia.
Peut-être pourrait-elle le renseigner.
Sango s'approcha d'elle.

– Dame Girafe, je voudrais savoir si on peut traverser sans risque la rivière ?
– Oui, répondit-elle, l'eau n'est pas profonde à cet endroit. Elle n'arrive même pas aux genoux.

Rassuré, Sango décida de traverser et mit un pied dans l'eau.

Mais un lézard l'aperçut.
– Hé ! jeune imprudent ! lui lança-t-il, tu cherches à te noyer ?
– Il n'y a aucun danger, répliqua Sango, la rivière n'est pas profonde.
– Détrompe-toi, ma femme s'est noyée ici la semaine dernière.

Sango eut peur.
Il ne savait plus
ce qu'il devait faire.

«Je préfère aller demander
conseil à Maman», se dit-il
avant de rebrousser chemin.

– Déjà de retour ! s'exclama Maman Guenon en l'apercevant.
– Oui...
– Comment va Ticha ?
– Je ne l'ai pas vue.
– Elle n'était pas chez elle ?
– Je ne sais pas, je n'ai pas pu traverser la rivière, car elle est très profonde, expliqua Sango.

– Tu te trompes, il y a peu d'eau à cet endroit.
– C'est ce que m'a dit la girafe. Mais le lézard prétend le contraire.
– À ton avis, qui a raison ? demanda Maman Guenon.
– Je ne sais pas…

– Réfléchis un peu, mon fils ! La girafe est immense.
C'est pour ça qu'elle trouve la rivière peu profonde.
Quant au lézard, il est si petit qu'il peut se noyer dans une flaque d'eau.
Il est normal que la rivière lui paraisse très profonde.
Chacun juge de la profondeur de l'eau suivant sa taille.

– Tu penses donc que je peux traverser, dit Sango.
– Oui, mais en avançant lentement dans l'eau pour éviter de glisser et de perdre ton panier, dit la guenon.

Le petit singe sourit
et s'empressa de reprendre
le chemin de la rivière.

Quand Sango fut à nouveau au bord de l'eau,
le lézard l'interpella encore :
— Malheureux, renonce à traverser cette rivière,
c'est beaucoup trop risqué !

Sango haussa les épaules et refusa de l’écouter.

Il entra dans l'eau et s'éloigna de la berge à petits pas.
La rivière n'était ni peu profonde comme l'affirmait la girafe,
ni très profonde comme le disait le lézard.

L'eau arrivait juste à hauteur des épaules de Sango.
Il traversa sans encombre, en tenant des deux mains
le panier de fruits posé sur sa tête.

Il l'offrit à sa tante Ticha
qui l'embrassa avant de le féliciter
d'avoir fait le chemin tout seul.
Elle lui donna quelques friandises
pour le remercier
et il s'en retourna fièrement.

Vous avez aimé cette histoire ?
Découvrez également...

▾ Dans la même collection ▾

n° 12 | L'Oiseau de pluie

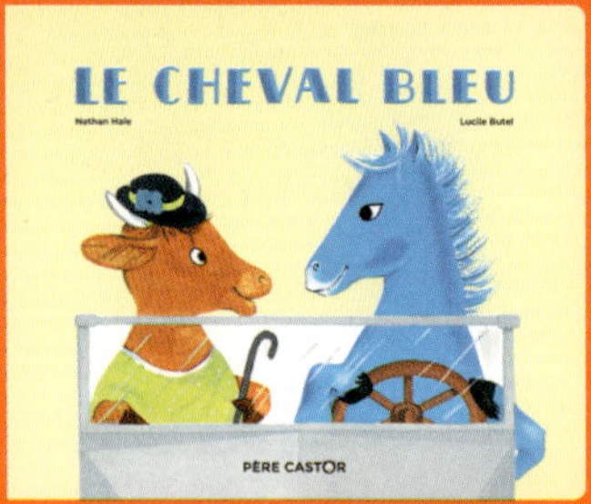

n° 13 | Le Cheval Bleu

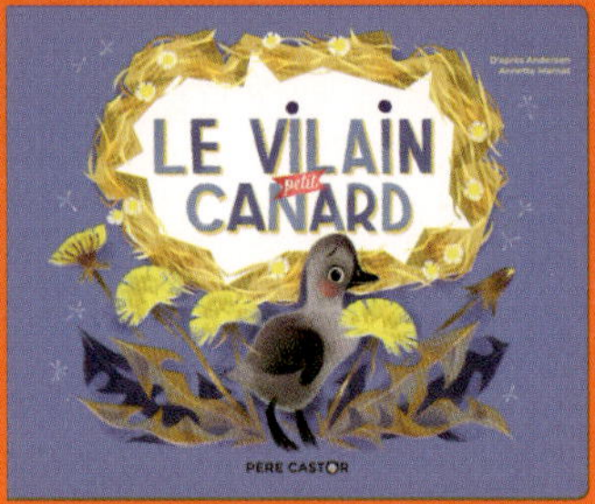

n° 17 | Le Vilain Petit Canard

n° 18 | La Famille Rataton

n° 29 | Le Petit Éléphant têtu

n° 45 | Le Singe et l'épi de maïs

n° 51 | La Sieste de Moussa

n° 65 | Épaminondas

n° 66 | Un si gros mensonge

▾Dans la même collection▾

n° 75 | Pourquoi la girafe a-t-elle un long cou ?

n° 90 | Le Grillon plus fort que le lion

n° 154 | Un Petit Chacal très malin...

n° 159 | Sauve qui peut !

n° 160 | Le Petit Cheval

n° 165 | Le Coq de Barcelos

n° 177 | Les Mange-Mange

n°178 | Poule Coquette

n° 179 | N'est pas singe qui veut !